국제PEN한국본부
창립70주년기념 시인선
24

모든 색깔의 어머니

노수승 시집

International PEN-Korea Center **pen**

국제 PEN 헌장

국제PEN은 국제PEN대회 결의에 따라 다음과 같이 헌장을 선포한다.

1. 문학은 각 민족과 국가 단위로 이루어지나, 그 자체는 국경을 초월하여 그 어떤 상황 변화 속에서도 국가 간의 상호 교류를 유지해야 한다.

2. 예술 작품은 인간의 보편성에 바탕을 두고 길이 전승되는 재산이므로 국가적 또는 정치적 권력으로부터 간섭을 받아서는 안 된다.

3. 국제PEN은 인류 공영을 위해 최대한의 영향력을 발휘해야 하며 종족, 계급 그리고 민족 간의 갈등을 타파하는 동시에 전 세계 인류가 평화롭게 살아갈 수 있다는 이상을 실현하기 위하여 최선을 다해야 한다.

4. 국제PEN은 한 국가 안에서나 또는 세계 여러 나라에서 사상의 교류가 상호 방해 받지 않는다는 원칙을 준수하며, PEN 회원들은 각자 국가나 지역사회에서 어떤 형태로든 표현의 자유를 억압하는 데 반대할 것을 선언한다. 또한, PEN은 출판 및 언론의 자유를 주창하며 평화시의 부당한 검열을 거부한다. 아울러 PEN은 정치와 경제의 올바른 질서를 지향하기 위해 정부, 행정기관, 제도권에 대한 자유로운 비판이 필수적이고 긴요하다는 사실을 확신한다. 이와 함께 PEN 회원들은 출판 및 언론 자유의 오용을 배격하며, 특정 정치 세력이나 개인의 부당한 목적을 위해 사실을 왜곡하는 언론 자유의 해악을 경계한다.

　이러한 목적에 동의하는 모든 자격 있는 작가들, 편집자들, 번역가들은 그들의 국적, 언어, 종족, 피부 색깔 또는 종교에 관계없이 어느 누구라도 PEN 회원이 될 수 있다.

(사)국제 PEN 한국본부 연혁

국제PEN본부는 1921년에 창립되어 2023년 3월까지 145개국 154개 센터가 회원으로 가입돼 있는 세계적인 문학단체이다. 국제PEN본부는 영국 런던에 본부를 두고 있으며 특히 UN 인권위원회와 유네스코 자문기구로 현재 전 세계 문인, 번역가, 편집인, 언론인들의 표현의 자유를 옹호하고 인권 문제를 다루고 있는 단체이다.

한국PEN은 1954년 9월 15일 변영로·주요섭·모윤숙·이헌구·김광섭·이무영·백철 선생 등이 발기하여 같은 해 10월 23일 당시 서울 소공동 소재 서울대학교 치과대학 강당에서 창립총회를 열고 국제펜클럽한국본부로 공식 출범하였다. 국제펜클럽한국본부는 그 이듬해인 1955년 6월 비엔나에서 열린 제27차 세계대회에서 정식회원국으로 가입하고 그해 7월에 인준을 받아 오늘에 이르렀으며 2024년 2월 현재 회원 수는 4,000여 명이다.

(사)국제PEN한국본부(International PEN Korea Center)는 역사와 권위를 자랑하는 국제적 문학단체로서 회원들의 양심과 소신에 따른 저항권과 표현의 자유를 옹호하고 구속 작가들의 인권문제를 다루며 한국의 우수 문학작품을 번역,

세계 각국에 널리 알리고 우리 민족의 고유문화와 전통문화 등을 해외에 소개하는 한편 세계 각국과 문화 교류 및 친선을 도모하는 데 주도적 역할을 담당하고 있다.

1954. 10. 23.	국제펜클럽한국본부 창립
1955.	제27차 국제PEN비엔나대회에서 회원국 가입
	『The Korean PEN』영문판 및 불어판 창간
1958.	국내 최초 번역문학상 제정
1964.	PEN 아시아 작가기금 지급(1970년 제6차까지)
1970.	제37차 국제PEN서울대회 개최(60개국 참가)
1975.	『PEN뉴스』창간. 이후 『PEN문학』으로 제호 변경
1978.	한국PEN문학상 제정
1988.	제52차 국제PEN서울대회 개최
1994.	제1회 국제문학심포지엄 개최
1996.	영문계간지 『KOREAN LITERATURE TODAY』창간
2001.	전국 각 시도 및 미주 등에 지역위원회 설치
2012. 9.	제78차 국제PEN경주대회 개최
2015. 9.	제1회 세계한글작가대회 개최
2016. 9.	제2회 세계한글작가대회 개최
2017. 9.	제3회 세계한글작가대회 개최
2018. 11. 6~9.	제4회 세계한글작가대회 개최
2018. 8. 22.	정관개정에 의해 국제PEN한국본부로 개명
2019. 2.	PEN번역원 창립
2019. 11. 12~15.	제5회 세계한글작가대회 개최
2020. 10. 20~22.	제6회 세계한글작가대회 개최
2021. 11. 2.~4.	제7회 세계한글작가대회 개최
2022. 11. 1.~4.	제8회 세계한글작가대회 개최
2023. 11. 14.~17.	제9회 세계한글작가대회 개최

국제 PEN 한국본부 창립 70주년 기념 선집을 발간하며

　국제PEN한국본부는 1954년에 창립되고 이듬해인 1955년 6월 오스트리아의 빈에서 열린 제27차 국제PEN세계대회에서 회원국으로 가입되었다. 초대 이사장은 변영로 선생이 맡고 창립을 주선했던 모윤숙 시인이 부이사장을 맡았다. 이하윤, 김광섭, 피천득, 이헌구 등과 함께 창립의 중심 역할을 했던 주요섭이 사무국장을 맡았다.

　6·25한국전쟁이 휴전된 지 겨우 1년이 되는 시점에 이루어 낸 국제PEN한국본부의 창립은 매우 깊은 의미를 담는 거사였다. 그동안 국제PEN한국본부는 세 차례의 국제PEN대회와 9회의 세계한글작가대회를 개최하며 수많은 국내외 행사를 주최해 왔다. 이에 올해 2024년에는 창립 70주년을 맞이하게 되어 그 기념사업의 일환으로 PEN 회원들의 작품 선집을 발간하기로 하였다.

　여러 가지 기념사업을 진행하지만 회원들의 주옥같은 작품집을 선집으로 집대성하여 남기는 일은 가장 중요하고 의미 있는 일이라 생각한다.

    시와 산문으로 구성되는 선집은 우리 한국문학사의 중요한 족적을 남기는 귀중한 역사 자료로서의 가치를 갖게 되리라고 믿으며 겸허한 마음으로 70주년을 자축하는 주요 사업으로 진행하게 된다.

    참여해 주신 회원들께 감사하며 어려운 여건 속에서도 기꺼이 출판을 맡아 준 기획출판 오름의 김태웅 대표와 도서출판 교음사의 강병욱 대표에게 심심한 감사를 드린다.

2024년 10월

국제PEN한국본부 이사장 직무대행 오경자

시인의 말

　나는 어디로 가는 줄인지 모른 채 서 있고, 어떤 색깔로 변하고 있는지 모른 채 잠을 청한다. 자고 일어나면 피어나는 색깔들. 알 수 없는 곳에서 들려오는 말씀에 이끌려 은밀한 곳으로 갔다. 내가 아닌 누군가 나를 위해 기도하고 있었다.

2024년 10월 노수승

차례

국제PEN헌장

(사)국제PEN한국본부 연혁

국제PEN한국본부 창립 70주년 기념 선집 발간사

009 _ 시인의 말

1부   삶은 잠에서 나온 잠깐의 통증인지도 몰라

017 _ 걷다가 문득
018 _ 아이와 새
020 _ 보름달 굴리기
022 _ 송사리 떼
024 _ 잠
026 _ 환상 여행
028 _ 인연
029 _ 새 학기
030 _ 아랫말 놀러 가니? 라는 말
032 _ 그립다는 말
033 _ 옥탑의 기억
034 _ 연미산燕尾山
036 _ 모내기

2부　넙치의 눈으로 낙엽을 밟네

039 _ 길
040 _ 달력
041 _ 회전문
042 _ 가을과 넙치
043 _ 희생에 대한 사유
044 _ 리모컨
046 _ 등산
048 _ 등대
049 _ 바다의 양심
050 _ 함박눈과 호수와 로켓
052 _ 어둠의 자국
053 _ 내가 아직 겨울일 때
054 _ 노마드, 그녀
056 _ 물렁물렁하고 둥글지 못해서

3부   하나의 곡조로 남을 별빛

059 _ 손톱은 무감각의 더듬이
060 _ 설렘 풍경
062 _ 염전 도시
063 _ 아고라
064 _ 케이크
066 _ 형제
067 _ 밤 매미
068 _ 첫눈
069 _ 분천역
070 _ 개성에 가면
071 _ 자작나무
072 _ 점멸 신호등
074 _ 중독
076 _ 봄비

4부   깊이를 보여주지 않는 올 깊은 사람

079 _ 말과 소피
080 _ 가을이 되는 사람들
082 _ 방울토마토
083 _ 관등선을 띄우며
084 _ 대못
085 _ 반려 공원
086 _ 기우제
087 _ 금잔디 고개
088 _ 어떤 쇼
089 _ 안달루시아 초원
090 _ 끼니 걱정
091 _ 요세미티에서
092 _ 모하비에서
093 _ 동짓달

해설   094 _ 발견의 감각과 생기의 정신 / 김홍진

1부

삶은 잠에서 나온
잠깐의 통증인지도 몰라

송사리 떼는 된장 없이도
모였다 흩어지고
아버지의 숨도 송사리 떼처럼
모이고 흩어지기를 반복한다

걷다가 문득

착륙하기 전 새벽 이스탄불은
별을 담아 놓은 초등학교 운동장

오늘은 초등학교 운동장 위에
초승달이 떠 있다

어둠이 초승달을 내걸었을까
아니면 초승달이 먼저 와
운동장에 먹칠을 해 놓았을까

캄캄한 운동장에 아이들 눈망울이
별 촘촘한 도시처럼 묻혀있다

아이들이 잠든 사이
밤하늘은 운동장에 내려와
아이들의 눈망울을 담아간다

어두울수록 빛나는 별의 요람은
초등학교 운동장일까

별이 깜박이는 것은
아이들의 꿈이 자라는 시그널일까

아이와 새

축가 속엔 정말이지
누군가 살고 있다
그 속에서 아이가 뛰어나와
서둘러 촛불을 끈다

알고 보면 새도
어느 때는 촛불을 끄기 위해
날갯짓을 하는 거다

날갯짓을 하는 동안
새는 공중에 머문다
아이도 촛불을 끌 때 나는 기분일까

꿈은 설레는 미래,
미래는 꿈의 결실이므로
허공 어디쯤에 있을까

그래서 케이크를 자르면
아이의 새들이 공중으로
수 없이 날아오른다

희망이라고 생각만 해도
기쁨이 커지는 미래

아이들이 그곳에 살고 있어서
좋은 곳일 거라는 확신이
우리에게 있다

보름달 굴리기

여름밤 평상에 누워
굴렁쇠 굴리듯
보름달을 굴린다

또르르르 또르르르
귀뚜리도 보름달을 굴리나 보다

밤 매미도 보름달을 굴린다
잘 구르지 않는 듯
미음미음 미르르르르
거듭 넘어진다

삶은 잠에서 나온
잠깐의 통증인지도 몰라
짧은 명줄인데
너희들은 왜 좋은 때에 와서
즐기다 가지 그랬느냐

속이 석류처럼
빨갛게 타는 이들에게
그렇듯이

너희들도 여름밤
보름달 굴리며 말갛게 씻어낼
과거가 있더냐

송사리 떼

돌아가시기 얼마 전
입맛 없다며 아버지는
송사리나 잡아다
고추장에 졸여 먹어야겠다고
야윈 발걸음을 떼신다

체에 대나무 자루 묶어
고욤만 한 된장 몇 알 넣고
둠벙에 가만히 담근다

송사리 떼는 체 속으로
모였다 흩어지고
아버지의 숨은 멈췄다 내쉬기를
반복한다

송사리도 약아졌다고
세상이 되는 일 없다고
집에 돌아와 투정하신다

요놈이 옆에서 부산 피워 더 그랬다고
혼이 났다

어머니는 어린것이 뭘 아느냐고
역정을 내신다

송사리 떼는 된장 없이도
모였다 흩어지고
아버지의 숨도 송사리 떼처럼
모이고 흩어지기를 반복한다

잠

잠에 들어본 사람은 안다
그곳엔 낯익은 사람과
그리운 얼굴이 해맑게 웃는 곳
낯선 풍경이 있고
때론 슬퍼하다 잠에서
깬다는 것을

잠에 들어본 사람은 안다
잠으로 가는 길은
낮은 곳으로 향한다는 것을
모두 내려놓고 비워야 넘을 수 있는
문턱이 있다는 것을

잠에 들어본 사람은 안다
자신도 모르게 들어가는 곳
영영 다시 나올 수 없을 때
그곳은 어쩌면 영원한 안식을 위한
낙원일지도 모른다는 것을

잠에 들어본 사람은 안다
매일 한 번씩 들러

그곳에서 길어온 활력으로 생기로
오늘도 힘차게 살아간다는 것을
잠에서 깨어도 꿈을 꾼다는 것을

환상 여행

매발톱꽃이 피었다

그에게 물 주거나
눈길 준 적 없는데,

무얼 움켜쥐려
올해도 피었나

잡고 싶은 것
잡을 수 없는 사람들
스스로 결박되듯,
매년 꽃잎 마르기 전
빈손으로 떨어지던 꽃

그의 빈손 바라보다
차라리 내가 손 내밀어 볼까,
생각하는데
무언가에 이끌려
하늘을 나는 기분이다

아뿔싸, 내가 잡혔네
목덜미 움켜쥔 매발톱

올핸 한 사람 낚아채서
하늘을 난다
어디로든 맘껏 날아보자고
날개를 편다

인연

잡초야 넌 참 끈질기구나 밉기만 하던 어느 날 연신 자라는 널 뽑으며 왜 네가 끈질기게 내 앞을 가로막는지 뽑아도 뽑아도 끝이 없는지 땅에 엎드린 자신을 보며 생각한다 몸 숙여 겸손을 배우는 일은 네 고귀한 생명과 바꾸는 일이구나 너의 당돌함 속에는 희생이 있었구나 널 뽑을 때면 근심 하나씩 사라지고 미움도 잊어진다 겸손한 마음으로 살라고, 밟히는 것에도 질긴 생명력이 있다고 네 짧은 생은 말하는구나 몸 숙여 네 생명 하나에 내 눈의 들보* 하나 얹어 뽑아 버린다 잡초라는 이름으로

* 성경 마태복음 7장 3절

새 학기

살아있는 건 그리움이다
그리워서 봄은
꽃 더미 안고 산과 들을 헤맨다

지체 없이 잊어지는 봄이지만
그해 봄은 나에게서 떠나지 않는다

아버지는 시든 풍선처럼
봄볕에 쪼그려 앉아 있곤 하였다

봄꽃은 피는 줄 모르게 왔다가
그리움만 남기고 자취를 감춘다

흐린 하늘이 아버지 때문이라고
타박하던 엄마는 유독
비 오는 날엔 하늘을 쳐다본다

십오 촉 백열등의 불빛이
길게 또는 짧게 산란하는 것을 보고
못마땅한 새 학기가 되어도
빼곡한 막차 타고 집에 온 일은
다행이라 여겨졌다

아랫말 놀러 가니? 라는 말

마을 뒷산 유난히 크고 비석이 있는 묘지들 앞으로 아랫말 가는 오솔길이 나 있었다

묘지 아래쪽 한 편에는 일가 집 할머니가 두 다리 접어 가슴에 대고 앉아 마을을 내려다보셨다

스물 되기 전 시집와 모셨을 어른들 곁에서 그들이 피우던 곰방대를 물고 연기를 피우신다

가래 끓는 목소리로 환하게 웃으시며 아랫말 놀러 가니? 라는 말 한마디엔 온 힘을 기울여야 친절할 수 있다는 마음이 들어 있는 듯했다

떡갈나무 잎이 마를 무렵, 돌아가셨다는 소식이 들렸다 며칠 후 아랫말 가는 산길 모퉁이에서 앉아 계시던 자리를 훔쳐보았다

할머니 대신 조그만 봉분이 앉아 있었다 아랫말 놀러 가니? 라는 말이 며칠은 친절함으로 며칠은 무거움으로 남아 있었다

다른 묘지처럼 황토색이 잔디로 온전히 덮이도록 그 곁을 지날 수 없었다 아랫말 놀러 가니? 라고 물으시면 무어라고 대답할 수 없어서

그립다는 말

꽃은 필 때
누굴 생각할까

작은 소리로 속삭이듯
피어나는 꽃

그리웠다고 말하듯
얼굴 붉히는 꽃

피어서도 말 못 하고
입 다무는 꽃

옥탑의 기억

저수조의 물은 검다
관로를 따라 난 언덕 위
하얀 정수장의 계단도 검다

욕조는 흘려보낸 물을 생각하지 않는다
누더기 걸치고 떠나는 뒷모습에서
자신도 추락하고 있음을 응시한다

빨랫줄이 슬레이트 지붕 처마에 묶여 있다
바지랑대가 밀어 올리고 있는 것은
세일러 칼라의 블라우스와 청바지의 기분,
빨래는 하늘의 기분과 연대한다

낮은 지붕은 비 오는 날이 아니면 침묵한다
시멘트벽의 균열에 갈바람이 돌아나가듯
빈 가슴에도 침묵처럼 가을이 든다

연미산燕尾山*

책보에 책 대신 먹고 싶던 과자 담아 연미산으로 소풍 간다 과자와 음료를 엄마 앞에 풀어 놓을 생각으로 돌아오는 길은 더 신났다

정상에 오르면 마을은 이웃에서 이웃으로 산소호흡기줄처럼 뽀얀 길이 이어져 있었다 반대편엔 십여 리 길 공주가 독 안의 보석처럼 빛났다

초등학교에 국기가 펄럭이고 마을 회관엔 사철 새마을기가 날렸다 회관 앞마당에서 농활 나온 대학생들이 풍장을 쳤다

평소에 묵묵하던 아버지는 어깨를 들썩이며 장단을 맞췄다 문풍지 우는 겨울이면 흰 중절모 눌러쓴 모습으로, 봄이면 산벚나무 꽃 한 아름 안고 찾아오는 연미산, 나의 아버지

연미산과 앞뜰은 점점 야위어가고 넘어야 할 보이지 않는 산들은 자라고 있었다

제비도 연미산을 기억한다 우리 집에 집 짓고 사는 제비는 해마다 연미산을 끼고 날아왔다 먼 나라에서 기억했을 연미산, 제비가 연미산에 돌아올 때면 제비의 꼬리도 연미산도 녹빛이다

일출 연미산에 오르면 돋는 해가 기운차게 밀고 오는 금강, 그가 거머안고 사려 온 문화의 도읍 공주

연미산의 바람 소리는 웅녀가 나무꾼을 부르는 소리, 강 건너간 무정한 나무꾼과 고마나루의 넋이 된 웅녀

금강에 노 젓는 사공 웅녀의 한 달랜다
위령위령 고마고마 노 젓는다
위령위령 고마고마
위령위령 고마고마

* 충남 공주시 외곽의 산

모내기

이맘때쯤이면
뒷산에서 긁어온 솔가루 불에
무쇠솥 밥물이 끓는다

계란프라이에 케첩 듬뿍 뿌려 놓은 듯
서쪽 하늘이 익어간다

일 나가신 어머니 돌아와
밥 참 잘 되었다고 말해주면
좋겠다

어머니는
뽀얀 종아리 논물에 담그고
온종일 하늘이나 한번 보셨을까

해가 지는 것은
우리에게 희망 같은 것이었다

2부

넙치의 눈으로 낙엽을 밟네

뜨겁게 달려온 우리는 지금도 백지 위를 걸어요
우리는 걸어온 길이 백지였음을 알아요
그리고 백지 위를 또 걸어갑니다

길

푸른 하늘에
사선 하나 그었다
검지에서 말갛게
푸른 물이 떨어졌다

새가
하늘로 날아올랐다
푸른 물이 들었다
돌고래가 유영하듯
파도를 탄다

나는 순식간
바다에 항로만 남기고

새는 세찬 파도 넘어
전신으로
항해하고 있었다

보란 듯이
길을 내고 있었다

달력

백지 위를 걸어요
혼자서 또는 짝을 지어 천변을 산책하고 주말엔 파란 커플티를 입고 공원에 갑니다
휴일엔 젊음으로 빨갛게 하루를 다 태우기도 한다

커튼으로 가려진 달은 언제나 밖이 궁금해 틈을 찾아 엿봅니다
달의 뒤편을 들여다볼 수 없는 창은 무심코 콧노래만 부른다

다음 해로 가는 터널엔 타오르는 횃불과 냉기 어린 다짐이 있어요
한때는 햇빛을 차단한 채 철드는 일에 대해 고민도 했었죠

달력 위를 치닫는 우리의 발걸음은 어디로 향하나요
열지 않아도 열리는 회전문이 끊임없이 낮과 밤을 바꿉니다

뜨겁게 달려온 우리는 지금도 백지 위를 걸어요
우리는 걸어온 길이 백지였음을 알아요
그리고 백지 위를 또 걸어갑니다

회전문

한 방향으로만 돌고 돌아
넌 정말 어지럽겠구나

제자리에서 돌지만
어디론가 이동할 수 있다면
팽이처럼 지구를 옮길 텐데

네가 중심을 잡고 돌아주면
누군간 지표의 어느 목적지에
다다르지

다람쥐와 쳇바퀴는
같은 목적지를 가지지만,
그들은 널 돌리고 뿔뿔이
자신의 목적지로 향해
널 투명처럼 지나서

목적지에 갈 수 있다는 건
누군가에게
현기증을 남기기도 해

가을과 넙치

메타세콰이아
옷 벗는 소리에
가을이 무너지네

무한 허공 열리며
산마다 부양하는 열기구

두멧길은
이국의 사신들로 넘쳐나네

한 외딴집 팽나무에서
가을 새 우네

돌담 너머 행려들 서성이다
해묵은 옷 벗어 놓고
묵언 수행 드네

난 넙치의 눈으로
낙엽을 밟네

희생에 대한 사유

정육점에 매달린 돼지머리에서 핏물이 떨어진다 일상적인 일이지만 오늘은 다시 한번 쳐다본다 한 생을 마친 후 순하게 감은 눈을 바라보며, 생전 모습보다 죽어서 한층 밝아 보이는 얼굴이 있다고 생각한다 핏물의 떨어지는 간격이 점점 느려져 마침내 다시 셀 수 없을 정도로 멀어진다 마지막 남은 한 방울 삶의 흔적마저 내려놓겠다는 의지로, 그 다음엔 부위별 머릿고기로 사육에 대한 사의를 표하겠다는 듯이 미소 띤 얼굴로 쥐어짜고 있다 지나는 사람들이 주막의 한잔 막걸리만을 떠올리기까지 그는 자신으로부터 완벽하게 벗어나고 있다 양을 품에 안은 몽골 유목민이 *내가 너를 죽이는 것이 아니라 네가 우리를 살리는 것* 이라던 조금도 틀리지 않은 말이 생각났다 나는 너를 바라보며 조의를 표한다 그리고 부위별 맛의 특징과 조금 내민 혓바닥의 의미에 대해서도 생각한다

리모컨

리모컨이 멈추면 아침이 흔들린다
서랍엔 건전지 대신 태엽 풀린 오르골이
손길을 기다린다
정원의 잔디밭에 굴러다니는 햇살을
비둘기들이 쫀다
햇살도 때론 충전이 필요한가보다

아이가 엘리베이터의 숫자를 응시한다
숫자 속엔 목적지가 들어 있다
9를 누른다
9층엔 그의 카봇이 살고 있다
그는 손가락으로 세계를 움직이는 방법을
학습 중이다

보이지 않는 전자기파가 보인다면
우린 아이와 함께 그물 속에 갇히고 말 거다
빠르게 흐르는 손들은 자취를 남기지 않는다
순간이라 할 만큼 짧은 시간이
우리를 이끌어 간다

쉽게 상해버리는 아이의 호기심처럼
우릴 변화시키려는 취향도 자주 바뀐다
새로운 것은 새로울 때만 새롭다

오늘은 어떤 숫자가 다가올까
무슨 일이 펼쳐질지 꾹 눌러본다

등산

길을 찾기 위해 멈춰 섰어
길 위에서,
길에서 길이 열리므로
확신하는 마음으로

길 막혀 망설일 때
하늘이 길을 열어주었다고
믿었는데
아무 길이나 함부로
가지 말라는 경고였어

평탄한 곳에선 어디나 산이 보이고
머지않아 시작되는 오르막

산 중턱 넘어
어느새 앞뒤 가로막힌 골짜기
산속의 밤은 더 깊고
골바람은 거세지

밤에 길 가는 바람 보면
어둠 속에도 길은 있고
우린 그 길 걸어보았지

수평으로 바라볼 때와
내려볼 때가 다르듯
길에 놓인 허들의 현실을
알 수 없는 사람들은
자주 멈춰
빠른 발걸음을 말리곤 해

등대

바닷가에 한 사내가 산다
중절모를 즐겨 쓰는 외톨이

그는 하얀 양복 차려입고
매일 무대에 선다

갈매기 떼 거느린
강한 눈빛의 무언극

밤이 되면 강렬한 눈빛으로
연기가 시작된다

고깃배의 고동 소리는
그의 눈빛에 찔려
배보다 먼저 항구에 닿아 닻을 내린다

그의 눈빛에 끌려
그에게로 달려가는 바다

LP판의 바늘이 음반에 미끄러지듯
그는 물결 더듬어
파도 소리 들려준다

바다의 양심

파도는 섬을 밀어 올렸다 내렸다

헤아린다

섬을 향해 달려간다

몸 부딪쳐 자책한다

바람 거센 날엔 부서지며 통곡한다

고요 속에서 파도는 다시 자란다

섬은 제자리를 지킨다

함박눈과 호수와 로켓

함박눈이 내린다
하늘 보면 한없이 날아오르는 기분,
로켓의 기분이라 하자

내가 내게서 멀어지는 동안
빛바랜 청바지 색깔 호수는
입을 크게 벌리고
눈을 날로 받아먹는다

하얗게 살아보려고 했는데,
지상에 닿기 전 눈물 한 방울로
또는 온몸으로 호수에 투신한다

많은 눈을 받아먹고도
배가 나오지 않는 호수에게
어쩌면 눈은 느낌일까

입을 최대한 벌려
세상의 눈을 모두 다 받아먹겠다는 듯이,

이러다간 오히려 자신이
먹힐지도 모른다는 우려까지도
기분에 맡긴 채

호수와 나는 자신에게서 떠나고 있다

어둠의 자국

때늦은 기러기 행렬 앞세워 오다
어느새 외톨이

자작나무 숲 앞세워 오다
어느새 내 앞을 막아선다

아이들과 엎치락뒤치락하더니
운동장을 독차지했다

어머니 수세미 삶아 내던 날
널어놓은 수세미에 스미던 어둠

밤새 측백나무 울타리와 동침하고선
동트기 전 잠적했다

내가 아직 겨울일 때

봄은
눈 속에서 움튼다

나무마다 점점이 피어나는
노랑별

지상의 별에서
비상하려는
향기

봄은
귓전에서 시작된다

멀리서 걸어오는
풀뿌리의 발자국 소리

아이의 숨결보다 고요하게
행보 가다듬는
십 리 밖 숨소리

노마드, 그녀

수시로 마주치는 그녀는
스프링

줄지어 선 허들을 넘어야 하는 세상에
필수인 탄력 있는 하체, 그녀

즐기는 낮잠에도
꿈결엔 스프링을 장전해

늘 스프링 하나쯤 지니고 살아야 했던
삶의 층계에 에스컬레이터가 놓이고
나의 무릎은 굳어가지만,

후미지고 가파른 그녀의 길엔
여전히 스프링이 필요해

온 동네를 접수한 그녀는
친절한 신사의 손짓에도 머물지 않는
노마드

의심 많은 커다란 눈
젤리 쿠션으로 사뿐히 어둠 밟아
알바길을 나서지

물렁물렁하고 둥글지 못해서

사각사각
새가 운다

물렁물렁하고
둥글둥글하지 못해서

사각사각

단단하고 각진
울음을 우는 새

사각사각사
각사각사각

울 때마다
견고해지는

사각이
되어가는 새

# 3부
하나의 곡조로 남을 별빛

눈깔사탕 입에 물고
촛불 꺼본 사람 있나요?

손톱은 무감각의 더듬이

오장육부의 생기가 흐르다
응집된 마침표일까

무딘 각질의 감각으로
손마디가 풀어내는 맵시를
쉼 없이 관여하는
손끝의 열정일까

여행할 때에서야 도굴하듯 바라보는
그에 대한 무관심은
가보지 않은 갠지스의 바라나시

치장의 마지막 한 점이 그려질 때
여자는 꽃이 된다

사방에서 모여들 것 같은 눈빛,
설레는 여자는
각질의 무감각에
원색의 더듬이를 그린다

설렘 풍경

플랫폼은
다가오는 것과 멀어지는 것 사이에
꿈틀대는 침묵이다
누구나 하나의 배역으로 지날 수 있는
여울목이다

비에 젖은 안내방송이
안개처럼 철길에 내려앉는다
기적소리가 나에게 달려와
어떤 의미를 꺼내려 한다

비 오는 날에 더 깊어지는 것들이 있다
여느 약속보다 한창이던 설렘은
계절이 지나서야 잦아든다

두리번거리던 신호기 위의 새가
빗속으로 날아갔다

오후 햇살이 광장에 자리 펴고 앉는다
비둘기들이 뒤따라 쏟아진다

발걸음 뒤로 버스킹의 사랑이란 노랫말이
치즈처럼 달라붙는다

빠르게 지나간 시간은 다시 오지 않는다
하지만 이별을 고할 수 없는 시간들은
종종 찾아온다

그리움은 어딘가에서
종소리의 여음처럼 남아 운다

염전 도시

만년동 식당가에
내리는 함박눈

느린 자동차와 종종대는
사람들 사이로 눈 내린다

간판의 조명도 일손 놓고
손 벌려 눈을 받는다

가로등 불빛 아래
내리는 백설의 세례

사거리에 얽힌 몇 가닥
바퀴자국이 전부인
길의 표정

줄지어 선 자동차 행렬이
고등어자반처럼 소금에 묻혔다

소금의 유적지다

아고라*

공룡의 화석처럼 서 있는
성벽

수천 년이 지났는데
뼈마디에 온기 남아있다

긴 목의 근육과 앞을 바라보던
깊은 눈빛은 무너져
허공에 가까운 고도로 서 있다

영영 변할 것 같지 않은
잿빛 묵시

다시 죽지 않을 죽음의 빛깔로
살아난다

* 고대 그리스 도시국가에서 시민의 경제생활과
 예술 활동이 이루어졌던 장소

케이크

상상은 자유랍니다
눈깔사탕 입에 넣고 눈을 감아요
볼록해진 볼은 유혹입니다
유혹은 달콤함으로 부푸니까요

게다가 연애에 빠진 한 송이 입술처럼 부풀려 봅니다
그러면 누구라도 한 번쯤 입 맞추고 날아가는 꿀벌이
되겠지요

그 입술에서 나오는 문장이 시라면 좋겠어요 그러면
시인이 되고 싶은 내겐 기념일이 될 거예요

자신에게 마리에서 한 송이 건네며 속삭입니다

네 그럴듯한 헛소리와 엉뚱한 말 속에
촛불이 있어
누군가의 등불이 되고
흔들리는 몸으로 함께 기도하며
타오르는 촛불 말이야!
촛불은 나이완 상관없이 타오르는 거 알지?
힘내!

세계를 밝히는 건 감동이지
감동의 중심엔 니가 있어
감동은 눈물을 자아내게도 하지

그 눈물 한 방울에 세계를 가두어도 좋겠어

눈깔사탕 입에 물고 촛불 꺼본 사람 있나요?

형제

나룻배 옆에
초승달이 내려왔다

강물이 나룻배의 이마와
초승달의 이마를 번갈아 만진다

어머니가 형제를 품에 안고
밤을 지샌다

저녁마다 해거름에 수혈받는
어머니 안타까워

나룻배도 초승달도 몸 흔들며
잠 못 이룬다

밤 매미

그의 울음은
초록의 강 건너는 나룻배

오늘이 오기까지 묻어온 시간들
밤하늘에 번져요
노 저어 동심원을 그려요

별빛 청량히 내려
회화나무 가지에 꽃눈 슬어요

은하의 난간에 육신 걸치고
노 저어 초록의 강 건너요

첫눈

마을 앞 얼음 논에
썰매 타는 아이들

무슨 말 할까 긴장한 하늘
산등까지 내려앉는다

솔숲 미어지게 지나온
산바람 타고
초년의 들녘에
새하얀 말씀이 내린다

귀 기울여 뜨락에 나선다
첫마디 말씀 듣듯
하늘 본다

싸리문 밖 개복숭아 나무도
참나무에 기댄 짚동가리도
귀 기울여 하늘 본다

초년의 들녘에
새하얀 말씀이 내린다

분천역

눈 내리는 날은
패딩 속 가슴이 더 뜨겁다

목도리 두른 목에 겨울이 깃들어
몸을 녹인다
날리는 눈발도 깃들어
고요히 여장을 푼다

분천역은
서너 평 하늘을 이고 있다
역무원 대신 산타가 있다

흰 눈으로 옷 갈아입고
연인들의 마주하는 눈빛과
팔짱 낀 중년의 연대連帶를 맞이한다

그들은 산간에 내려
채 눈트지 않은 봄날을 캔다

개성에 가면

멋 내려면 개성엘 가라
개성엔 젊음이 있다
하지만 겉멋보다
멋들어가는 나이도 있다

개성엔 바람이 세다
가오리연이 바람에 난다
방패연도 난다
날리는 이름들은 한 때의 유행처럼
명성*이 되기도 한다

나이테가 동심원을 이루듯
쌓아 올린 목주름의 켜에서 나는
우물 깊은 소리
개성에서 주름은
호흡의 무늬일 뿐이다

옷감에 스미는 감물의 깊은 맛
탈색되어도 좋은 멋
멋들어가는 나이 어디쯤엔 꿈도 있다
개성엔 나이가 없다

* 금성이나 샛별로도 불린다.

자작나무

나는 죽은 척 살아있음을 즐기는 나목 어느 누구라도 와보라지 가지 끝까지 푸른 피가 돌고 있어 벗어 놓은 낙엽 더미에 눈 내리네 죽은 나무 등걸이 비석처럼 서 있네 하얀 샤프카*를 쓰고 비문은 말하네 수식어는 살아 있는 자들의 몫이라고

눈 덮인 깊은 골짜기 승냥이 떼 쉰 울음소리 들리면 흰 몸뚱어리 밝히고 가까이 좀 더 가까이 들어가 바람 가르며 승냥이 정수릴 쓰다듬지

고요함으로 살진 겨울, 내 가느다란 그림자 하얀이 하얀이 된 겨울의 볼에 문신처럼 박히네 나는 알몸으로 뜨겁게 냉풍욕을 즐기네 살아 있음은 죽음을 딛고 일어서네

* 샤프카 : 챙 없는 털모자

점멸 신호등

우리는 태초에 점이었으리

한 사람이 우주를 걸어
소실점으로 사라지듯

너도
나도

수많은 점들의 난무 속에서
한 점으로 살다
서로 헌데를 핥아주며
함께 산을 넘기도 하던,

모든 점멸은 노래이리
포도를 걸어 신기원을 여는
고달픈 사활의 노래

이곳에서 우리는
크고 작은 점들로 나열되고
깜박이다

소실점이 되어서야
하나의 곡조로 남을
별빛이리

중독

이 줄은 어디서 시작되는가

냄새에 눈먼 사람들
먹기 전에 먹히는 사람들

기대의 안쪽은 대부분
착각이라 할 만한 것들이
환상처럼 웅크리고 있지

많이 먹어
배 터지게

우린 서로 쳐다보며
경고음과 탈출구를
동시에 떠올려

꼬리와 날개가 웃자란 새들은
나는 것보다 걷는 것이
더 마땅하고
이따금 처진 날개를
힘들여 들어 올리지

우리
거기서
또
만나

봄비

소소하게 봄비 내리네

줄 서지 않고
차례 기다리지 않고

과속하지 않고
충돌하지 않고

나에게도 봄날 오면
저렇게 내리리라

내려,
네 가슴 복판에 내려
피어나는 꽃향기로
스러지리라

4부
깊이를 보여주지 않는 올 깊은 사람

오지 않을 것 같던 미래의 날들,
추위를 더위라 말하고
더위를 추위라 말하는 버릇이 생겼다

말과 소피

거침없이
내뱉던 말

한 번 쯤
참아 보던 말

할까 말까
망설이던 말

내뱉어도
시원치 않던 말

참을 수 없어
지리던 말

가을이 되는 사람들

나무는 걷다가 뛰기도 하고
춤을 추기도 하는데
귀산리 냇가 느티나무는
나이 들어 산책 정도만 즐긴다네

겨울이면
체온 유지하느라
하루 내내 지층의 온기 퍼 올리며
지나는 사람들에게
땅속에 사는 어둠의 색깔을 곧
볼 수 있을 거라고 말한다네

가지에 녹물 번지는 봄
어둠의 색을 알아본 사람들은
밤이 되면 어둠이 모든 색의
어머니란 걸 안다네

새들은 휘파람 소리로 잎을 키워
그늘을 만든다네
그늘이 쌓여 여름이 되면

새들은 그늘 속에서
여름의 영혼을 쪼아 잎을 물들인다네

수북이 쌓인 낙엽 속에서
가을은 술 익는 냄새를 피운다네

어머니, 사람에게도 가을이 있다면
새들에게 영혼을 맡긴 결과인가요?
아니다 새들은 쪼을 뿐 스스로
가을이 되는 거란다

스스로 가을이 되는 사람들
가슴 속 마른 늪에
가랑잎 매콤한 냄새 쌓인다네
한 가을이 쌓인다네

방울토마토

열매에 씨앗 슬어
꽃 피우고 열매 맺을 꿈으로 부풀었으리

밤낮으로 자식처럼
풋열매 익도록 정성을 다했으리

한 알 한 알 농부의 수확을
제 삶 찾아 나서는 것이라고 기뻐했으리

서리 내리고 손발 얼어 진물 나면
뿌리에서 열매로 가는 생명줄은 끊기리

동지섣달 찾아오는 직박구리 한 쌍에게
끝물 방울토마토는 봄으로 가는 생명이리

관등선*을 띄우며

　사방 반자* 널판 모서리에 나무젓가락 기둥 세우고 창호지 둘러 혼을 모셨지
　창호지에 어른거리는 촛불을 우리는 백제의 혼이라 여겼어

　공북루* 너편 넓은 모래사장엔 어둠뿐 그림자는 없었어 그림자를 남기지 않기 위해 오랜 세월 잘게 부서진 모래알이 촛불에 살아나고 있었지

　가라앉지 말고 멀리멀리 떠가거라 그러기 위해선 물살을 바로 읽거라 우린 기도했어

　물결이 속살 열어 빛을 들이면 빛은 강물의 깊이만큼 뿌리내렸지 선 채로 흐르는 빛을 보았어
　백제의 혼이라고 믿었지 눕지 않는 넋

　금강물에 혼이 모여 도읍을 이루고 어둠 헤치며 바다로 갔지 어쩌면 세계로, 미래로

* 백제문화제 행사의 하나로 중학생 시절 금강에 띄우던 작은 촛불 등
* 약 15cm
* 공주시 공산성의 북문

대못

 근육질은 아니지만 뚝심을 자랑하는 못은 기둥과 벽에 가한 일침, 이를테면 견고한 버팀목, 여러 번의 충고가 있어야 주례사가 되듯 자신이 유일한 해답인 것처럼 묵묵히 둘 사이를 이어준다

 그의 머리를 언제나 대가리라 부르며 자존심마저 꺾어 놓았지만, 벽지 속에서 여전히 긴장을 풀지 않고 불면의 나날을 보낸다 박아 놓은 널빤지 삭아 속을 내보이는 집도 그를 지탱하고 있는 몇 개의 대못이 있다

 녹슬면 쓸모없지만, 지붕을 받쳐 들고 비를 막아준 기둥의 이음부에서 자리를 지켜온 오랜 세월 한 자리에서 녹슬어 온 것처럼 자신이 지탱해 온 깊이를 보여주지 않는 올 깊은 사람도 있다

반려 공원

반려묘에게 몇 가지 장애가 있다
유기된 것들이 살아가는 공원
연기와도 같은 표정으로 주변을 응시한다

머리 흔들며 담장에 올라
떨어지는 낙엽을 채보지만,
할퀸 자국은 곧 투명한 가을 하늘로 봉합된다

가볍게 여겼던 늦가을의 추위가
눈부시게 빛나는 태양 아래서도
겨울을 세차게 불어오고 있다

기억 잃은 상실의 벽과 벽 사이에서
일상처럼 헛소리한다
몸 밖으로 빠져나올 수 없는 영혼,
몸속에서 잠들 수 없는 영혼의 행각들

반려없는 반려공원에
유기된 것들이 살아간다

기우제

기우제를 지내면 언젠간 비가 내렸다

농부의 얼굴은 저수지를 닮는다
가물면 갈라지고
물이 차면 농부의 얼굴도
촉촉이 햇살을 들인다

가슴에 파고드는 줄 모르게 자리한
응어리도 시간 지나면
백화점 할인행사처럼 남의 일이 된다

하루하루 모른 채 지나다가
먹구름 몰려오던 어느 날
이웃집 아저씨가 저수지를 찾아갔다

억수 같은 비를 맞고 돌아와
막걸리 잔에 얼굴을 묻고
엉엉 우신다

금잔디 고개*

　적색 불 들어온 신호등 바라보며 적색 불 그대로 있어도 무관하다고 생각했다 뒤돌아 갈 곳 없고 횡단보도 건너편에도 갈 곳은 없다

　버스를 탔지만 목적지가 없다 내가 떠나도 그대로 있을 것이라고 생각했던 차창 밖의 나무들, 오늘은 머물 곳이 있어 좋겠다고 생각했다

　오지 않을 것 같던 미래의 날들, 추위를 더위라 말하고 더위를 추위라 말하는 버릇이 생겼다 스무 살에 넘던 남매탑으로 해서 금잔디 고개를 넘어왔다

　* 계룡산의 한 고개

어떤 쇼

예비사 일등병 시절, 천진한 눈빛의 김 모 선임, 소대에서 착한 고문관으로 통하던 그가 어느 날 야전취식 훈련 나갔는데, 저녁 식사 마치고 자기 밑으로 집합하란다

내가 주먹으로 가슴을 치면 재빨리 쓰러졌다 일어나라 알았어!

떨리는 목소리로 속삭였다

대답은 크게 해 저쪽까지 들리게, 알았어?
네 알겠습니다!

무슨 일인가, 하고 중대원 모두 이쪽을 향했다
김 선임의 주먹에 줄줄이 쓰러졌다 오뚝이처럼 일어서는 모습 보고 졸병들의 군기가 바싹 들었다

훈련은 쇼처럼 즐거웠고 야전 취침도 편안했다 중대원은 이튿날 목이 터져라 군가를 부르며 귀대했다 그도 우리도 군가를 부르면 고향이 그리웠다

안달루시아* 초원
– 청명한 가을 아침에

동편의 크리스털 창문 열리면,

도토리나무 사이
빗발치는 햇살에 찔려
은갈치 떼 파닥인다

낚싯대 드리운
갈바람의 고패질에
은비늘 날린다

풀잎마다 야생의 투명한 눈망울에
가을 하늘 든다

* 스페인 남부의 지방

끼니 걱정

어머니 장에 가시며
소반에 덮어 두시던
옥색 밥보자기

광활한 안달루시아 초원에
누가 옥색 밥보자길 덮어 놓았나
누굴 위한 성찬인가

하늘 끝닿은 곳에서
새매 한 마리
찬찬히 고향 하늘 굴린다

활강하는 새매 뒤로 난
서너 그루 소나무 오솔길

시오리 어둑길 걸어
장에서 돌아오시던 어머니

요세미티에서

균열이 자라면 이별이 된다
굴러내린 바위는 누군가의 분신이다

한 몸이 위태로워 분리되면
절벽이 남는다

절벽엔 눈물 흘러내린 자국 선명하다

거대한 화강암 바위산
절반이 떨어져 나간 하프 돔
단면에 새겨졌다는 마지막 추장의 얼굴
그는 터전을 떠나지 않는다

이별을 겪은 바위들이 사는 계곡
용케도 그들은 물길을 막지 않는다
그리움의 노래 들려줄 만큼만
물줄기에 몸을 기댄다

모하비에서

꼬리에 꼬리 물고
붉은수확개미의 도열처럼
더듬더듬 사막열차가 기어간다

난쟁이 향나무와 소나무는
밤하늘의 별처럼
사막에 떠 있는 녹색별이다

사막에선
죽음도
삶이다

유난히 빛나는 사막의 별들은
라스베이거스로 모여
꿈처럼 동전 소리로 쏟아진다

햇볕에 바싹 마른
코요테의 울음이 할퀸 하늘에
핏물 번진다

사막 거북의 등껍질에
자신도 모르는
한 켜 모래바람 쌓인다

동짓달

공주 오일장 파장하면
참새들이 무리 지어 장마당에 내려온다

쌀 팔러 간다던 어머니는 쌀 한 말을 머리에
이고 오셨다

야바위꾼에 눈이 팔리면 흥정 소리는 벌떼들의 웅웅
거리는 소리로 들렸다

짓밟히던 바닥의 흙물이 다시 얼기 시작한다 호객하
던 박수 소리 살얼음 속에 고이 잠길 무렵,
　순대 집엔 불이 켜진다

취기 오른 겨울 햇살이 싸늘한 좌판에 걸터앉아 중
얼거리다 서쪽으로 고꾸라진다

동짓달 얼음장 같은 어둠이 장마당을 덮는다

해설

발견의 감각과 생기의 정신

김홍진

1. 생기의 정신과 기억의 소묘

노수승 시인의 세 번째 시집 『모든 색깔의 어머니』는 시인의 인품이나 풍모만큼 단정하다. 전작 시집 『스노우볼』에 비추어 형태적 측면에서 비교적 산문시 경향이 강했던 형식적 특성이 약화하고 응축된 이미지 연쇄에 의한 간결미가 더욱 두드러지다. 이번 시집의 시편들은 일정한 정형성의 운율과 상징적 언어의 간결한 조형적 회화미를 더욱 강화하고 있다. 이런 표현상의 형태적 특성은 사물이나 현상의 정수를 꿰뚫고, 그 사물의 양상이나 본질을 발견해 싱싱하게 드러내려는 태도에서 비롯하는 것처럼 보인다.

내용상으로는 시적 주체의 내면과 대상에 대한 사유

의 깊이가 더욱 명징하게 심화한 느낌이다. 이런 의미론적 특성은 간결하고 정갈하게 조율한 언어 효과에서 기인한다. 일반적으로 압축된 언어는 의미를 응축하고 깊고 넓게 함축해 시의 상징성과 명징성을 강화한다. 따라서 곱씹을수록 맛나고 깊은 여운을 남긴다. 노수승은 언어의 압축을 통해 사물이나 현상에 내재하는 핵심을 발견하고 그것을 싱싱하게 표현하는 데 독특한 심미안을 가지고 있다.

모든 점멸은 노래이리/ 포도를 걸어 신기원을 여는/ 고달픈 사활의 노래// 이곳에서 우리는/ 크고 작은 점들로 나열되고/ 깜박이다/ 소실점이 되어서야/ 하나의 곡조로 남을/ 별빛이리 – 「점멸 신호등」 중에서

삶에 대한 우주적 통찰을 보여주는 인용 시는 소멸과 생성의 미학을 읽는다. 이 소멸과 생성의 미학에는 "한 점으로 살다" 먼지처럼 사라질 생에 대한 따뜻한 긍정의 시선과 순응의 태도가 내포되어 있다. 이런 태도는 "헌데를 핥아주며/ 함께 산을 넘"는다는 연대 의식과 우리의 실존을 "태초의 점"으로 규정하고 "소실점으로 사라지"는 운명의 필연성을 수긍하는 데서 분명히 드러난다. 필연적 운명에 대한 긍정으로 인해 "모

든 점멸은 노래"이다. 점멸은 딱딱한 "포도를 걸어" 드디어 '별빛'으로 새롭게 존재의 전환을 이룩하는 통과제의이며, '소실'은 사라짐이 아닌 존재의 "신기원을 여는" 우주적 생성이라는 통찰의 상징성을 함의한다.

주목할 점은 생기 도는 아름다움, 사물이나 현상의 정수를 포착하는 시인의 예민한 감각과 명징한 정신이다. 그 예민한 감각과 깊은 통찰적 사유로 인해 '사활의 점멸'이 함축하는바 소멸에서 생성, 생성에서 죽음을 얻는다. 이는 삶과 세계에 대한 역설이며 반어적 인식이다. 점멸의 사(死)와 활(活)에 대한 사유와 통찰은 삶의 허무를 강조하는 동시에 삶의 허무를 초극하려는 역설이다. 이는 "살아 있음은 죽음을 딛고 일어서"(「자작나무」)는 일이라는 역설적 인식을 환기한다. 소멸과 소실이 생성일 수 있는 까닭은 새로운 존재로의 전환이나 변화의 계기이기 때문이다.

노수승의 시적 사유는 이처럼 사물이나 현상의 핵심을 꿰뚫고 이를 싱싱하게 표현해 생기가 한껏 도는 아름다움을 발산한다. 그것을 가능하게 하는 것은 조해옥이 전작 시집 해설에 말하듯 "겸허함과 순응과 자기절제의 힘"(「변혁의 힘과 생명의 영속성」)에서 비롯한다. 말하자면 잡초를 뽑으며 "몸 숙여 겸손을 배우는 일"이 "고귀한 생명과 바꾸는 일"(「인연」)이며, "내가 너를 죽이는 것이 아니라 네가 우리를 살리는 것"(「희생에 대한 사유」)이라는 겸손과 희생, 성찰의 태도와 역설적 인식의 힘으로 인해 가능하다. 그런 점에서 전작 시집에서 보여주었던 삶과 세계에 대한 온유한 태도와 순응의 시선은 연속한다.

그런데 이번 시집은 전작 시집에 비해 유년의 기억, 구체적으로는 어머니와 관련한 막막하고 애틋한 기억의 소묘가 담겨 있다. 어머니를 그리는 시편들은 아버지를 일찍 여의고 생계를 꾸려나가는 고달픔과 남루한 삶을 붙드는 안간힘으로 인해 안쓰러움과 쓰라림, 부재와 결핍으로 인한 얼룩진 눈물의 흔적이 짙게 배어 있다. 그의 기억의 시편들에는 "쌀 한 말을 머리에 이고"(「오일장」) "시오리 어둑길 걸어" "장에서 돌아오"(「끼니 걱정」)는 고단한 모습의 어머니가 처연하게 자리한다. 노수승의 어머니에 대한 기억은 남루함과 막막함, 그러한 삶을 지탱하는 연약하고 끈질긴 힘에 대한 처절한 탐구가 서려 있다. 가령

이맘때쯤이면/ 뒷산에서 긁어온 솔가루 불에/ 무쇠 솥에 밥물이 끓는다// 계란프라이에 케첩 듬뿍 뿌려 놓은 듯/ 서쪽 하늘이 익어간다// 일 나가신 어머니 돌아와/ 밥 참 잘 되었다고 말해주면/ 좋겠다// 어머니는/

뽀얀 종아리 논물에 담그고/ 온종일 하늘이나 한번 보셨을까// 해가 지는 것은/ 우리에게 희망 같은 것이었다 - 「모내기」 전문

라고 노래할 때처럼 어머니는 깊은 사무침의 정서를 동반한다. 가난하고 불우한 어린 시절, 어머니의 부재로 인한 어린 넋의 허기와 결핍과 외로움을 느끼지 않을 수 없다. 그리하여 빈집에 홀로 남아 어머니를 기다리는 모성의 부재와 결핍이 현재까지도 지속되는 것 같아 시리고 쓰리다. 유년의 화자에게선 마치 "찬밥처럼 방에 담겨"(「엄마 걱정」) 있는 기형도가 겹쳐지고, "뽀얀 종아리 논물에 담그고/ 온종일 하늘 한번" 볼 수 없는 어머니에게선 이성복의 '공사판 각목더미에서 못을 빼는'(「어머니·1」) 황폐한 어머니가 떠오른다. 노수승은 따뜻한 추억의 이름으로 어머니를 부르지 못한다. 그에게 모성은 행복의 원형을 구성하지 못한다. 그보다는 생계, 아니 생존을 위한 고단한 노동으로 지친 헐벗은 모성으로 나타난다. 그리하여 "해가 지"(「모내기」)고 어둠이 찾아오는 시간은 낮의 고된 노동으로부터 해방이고, 모성의 부재와 결핍이 해소되는 '희망'의 시간이다. 그에겐 차라리 밤과 저녁과 어둠이 행복의 원형을 이룬다.

노수승의 시편에서 자주 쓰이는 '밤'과 '어둠'의 이미지는 암담하고 우울한 정서를 표백한다기보다는 오히려 낮의 노동을 마무리하고 곤함을 어루만지고, 또 낮의 궁핍과 남루와 결여를 감추고 채워주는, 평화와 안식을 주는 이미지로 기능한다. 표제 시에서 "밤이 되면 어둠이 모든 색의/ 어머니"(「가을이 되는 사람들」)라는 진술을 얻는 것도 같은 맥락이다. 저녁은 고통과 절망과 혼돈으로 들끓는 시간이 아니다. 그것이 내면 깊숙이 가라앉는 시간이다. '어둠'은 평화와 안식을 환기한다. 밤과 어둠의 이미지는 또 자연스럽게 '잠'과 '꿈'의 이미지로 이어져 희망과 생명을 잉태하는 계시의 시간과 공간을 환기한다. 여기서 어둠은 '모든 색깔의 어머니'이며, "영원한 안식을 위한/ 낙원"이고, '활력'과 '생기'(「잠」)를 불어넣는 자궁이며 태반이라는 원형적 상징을 획득한다.

어머니와 고향에 대한 기억은 모든 인간이 가진 원초적인 감정이다. 유년의 기억은 무의식을 구성하고, 실존에 파급하는 힘은 강렬하다. 노수승에게 유년의 기억이란 어머니의 부재, "시든 풍선처럼/ 봄볕에 쪼그리고 앉아 있"(「새 학기」)는 아버지, "오지 않을 것 같던 미래의 날들"(「금잔디 고개」)로 인해 우울하고 막막하다. 그리하여 기억을 따뜻한 추억의 공간으로 재구성하지 못한다. 그보다는 궁핍하고 헐벗은 삶을 살아낼

수밖에 없었던 시간을 소묘한다. 그 소묘는 처연하며, 어조는 애처롭고, 흐느낌의 연민으로 가득하다. 시인의 사적이고 내밀한 기억은 흐릿한 슬픔의 정서를 강렬하게 환기한다. 때문에 기억의 재현은 시인이 살아낸 시간의 막막함과 헐벗은 삶을 추체험할 수 있게 한다. 그 추체험은 우리 모두에게 각인된 기억의 편린이다. 아프고 쓰린….

2. 연상의 언어미와 세련의 시학

『모든 색깔의 어머니』는 노수승 만의 시 쓰기 원리 혹은 시 쓰기 방법을 더욱 심화한다. 그의 시문법은 노수승 특유의 심미적 감성과 감각이 어떻게 시적 언어 표현을 얻고, 또 그것이 어떻게 조직되는가를 명징하게 보여준다. 이를테면 그만의 특유한 시문법 혹은 창작 원리 혹은 언어 미학을 압축한다. 이런 맥락에서 그의 창작 원리가 어떻게 구축되는지 해명하는 작업이 필요해 보인다. 더불어 이런 형식미가 조명될 때 내용이나 시 정신도 온당하게 규명될 수 있을 것이다. 내용과 형식은 따로 분리할 수 없다. 형식은 내용을, 내용은 형식을 주재한다.

노수승은 세계의 비밀을 풀어나가듯 사물의 숨은 질

서를 새롭게 해석하고 비의(秘意)를 캐묻는다. 그의 눈은 아이를 닮았다. 이 점은 시집에 출현하는 '아이' 이미지를 눈여겨보라. 시인은, 시를 구성하는 핵심적 개별요소들의 유기적 통합성이라는 미적 전체성과 개별 요소들이 전체 구조 안에서 각기 다른 기능을 하면서도 유기적으로 연결되는 변환성을 통해 부드럽고 은밀하며 긍정적이고 생기 넘치는 아름다움을 구현한다. 다음을 보라.

캄캄한 운동장에 아이들 눈망울이/ 별 촘촘한 도시처럼 묻혀있다// 아이들이 잠든 사이/ 밤하늘은 운동장에 내려와/ 아이들의 눈망울을 담아간다// 어두울수록 빛나는 별의 요람은/ 초등학교 운동장일까// 별이 깜박이는 것은/ 아이들의 꿈이 자라는 시그널일까 ―「걷다가 문득」 중에서

이 부드럽고 은밀하며 신비한 아름다움의 느낌과 발산하는 생기는 어떻게 설명해야 하나. 우선 눈에 들어오는 특성은 매듭 풀기의 수수께끼 같은 비유와 연상과 상징에의 탐험으로부터 시적 발상과 언어 표현이 이루어진다는 점이다. 수수께끼는 이질적 사물의 유사 인식, 기지와 재치의 활용, 일상의 눈으로는 발견할

수 없는 유의성을 필수적으로 포함한다. 인용 시는 이런 언어 모델을 보여준다. 즉 '~은/는 ~이다'와 같이 질문과 응답의 형식을 취한다. '어둠은 모든 색깔의 어머니', '모든 색깔의 어머니는 어둠'이란 시집의 제목부터가 그렇다. 수수께끼는 본질적으로 은유이다. 노수승은 이런 등가의 원리를 존중하며 적극 활용한다. 시인은 의문과 물음과 응답처럼 대상들을 신속하게 등가화하는 유사성의 발견과 이질적 사물의 의외적 결합에서 얻는 환유적 원리에 의해 시적 표현을 이룩한다.

  노수승의 눈은 수수께끼처럼 사물이나 현상의 발견 과정에서 출발한다. 그의 표현 방법은 이른바 낯설게 하기로써 A=B라는 은유의 전이, 의외적인 결합, 상징과 연상의 법칙이 원천적인 상관성 아래 펼쳐진다. 가령 "그립다는 말"은 "피어나는 꽃", "얼굴 붉히는 꽃", "입 다무는 꽃"(「그립다는 말」)이라거나, "바지랑대가 밀어올리고 있는 것은/ 세일러 칼라의 블라우스와 청바지의 기분"(「옥탑의 기억」)과 같은 진술의 경우가 쉬운 사례이다. 이런 비유의 수법은 표현상 특성이며, 이를 통해 노수승은 익숙한 사물이나 현상에서 의외의 새로움을 발견한다.

  「걷다가 문득」의 전체 7연 중에서 1연의 명사 종결 서술을 제외하고는 '~다'와 '~까'를 반복함으로써 각

운의 효과를 발휘하여 경쾌한 리듬을 형성해 생기를 북돋는다. 동시에 "운동장"은 끝 연을 제외하고는 모든 연에서 반복된다. 그럼으로써 논제에 대한 서술적 진술이 가해지고, 핵심 이미지인 '별', '초승달', '눈망울', '꿈' 등이 등가의 원리에 따라 생기 어린 아름다움을 창출한다. 그리하여 캄캄한 밤하늘의 '별', '초승달', '눈망울', '운동장'이 '꿈'으로 압축 지정되어 아련한 잔상(殘像)으로 남는 여백의 미를 발현한다. 시인은 경쾌하고 생기 넘치는 아름다움을 섬세한 언어 조탁과 조율에 의해 정갈하며 간명한 이미지의 연쇄를 통해 구축한다.

사각사각/ 새가 운다// 물렁물렁하고/ 둥글둥글하지 못해서// 사각사각// 단단하고 각진/ 울음을 우는 새// 사각사각사/ 각사각사각// 울 때마다/ 견고해지는// 사각이/ 되어가는 새 – 「물렁물렁하고 둥글지 못해서」 전문

시란 언어 자체를 수단과 목적으로 한 미적 구조물이다. 시 텍스트 자체가 구성하는 자체 논리를 우리는 흔히 시적 기능이라 한다. 노수승은 시는 '언어를 위한 언어'라는 시적 기능을 인식하고, 그 특성을 언어의 연금술사처럼 세심하게 부려 형상화한다. 이 시의 지배

적 음상으로 "사각사각" 소리를 내는 마찰음과 "단단하고 각진/ 울음"으로 인해 거칠고 쓰린 정감을 자아내면서도 동시에 생동하는 리듬 감각을 보라. 동음과 동어, 마찰음과 유성음의 교체 반복에 의해 실현되는 운율 감각이 도드라져 있으며, 청각적 소리에서 시각적 형태 혹은 청각과 시각을 결합하는 공감각, 중의적 표현을 통해 언어 사용을 최대한 줄이는, 즉 전달하고자 하는 정보의 양을 극도로 제한해 시적 의미를 결속하는 수법이 이채롭다.

언어의 본질을 반영하는 시는 음상과 의미의 두 축을 필연적으로 고려해야 한다. 시에서 소리는 의미와 분리될 수 없다. 즉 시적 발화의 음악적 소리도 정보를 전달하는 수단이다. 시인은 '사각사각'과 '새'에서 마찰음 'ㅅ' 음상의 연속되는 교체 반복, 그리고 지배 음운인 마찰음 'ㅅ'과 대비적인 '운다'와 '물렁물렁', '둥글둥글'의 'ㅇ', 'ㄹ' 유성음 대비를 통해 시적 의미를 점층적으로 강화한다. 이런 음운적 특성과 운율의 효과는 물론 의미론적으로 시의 분위기나 정조를 강화하는 데 기여한다. 즉 '사각사각'의 음상이 파급하는 마찰의 거친 '울음'을 우는 소리와 연동해 마침내는 '사각사각'의 음상이 "단단하고 각진" '사각'의 형태로 전이하는 중의적 표현을 통해 시적 의미는 형성된다. 각지고 모난 형태가 환기하는 고통과 시련, 슬픔과 아픔을 겪으며 삶은 더욱 견고해진다는 보편적 이치는 음상 효과를 통해 더욱 강화된다. 음운의 회귀적 힘은 의미의 등가성을 촉진하기 때문이다.

노수승 시는 예민하고 기지에 찬 언어 감각을 통해 음상과 의미의 대등성을 면밀히 안배한 결과에서 나온다. 이러한 특성은 「말과 소피」, 「그립다는 말」, 「개성에 가면」과 같은 작품에서 극단적으로 발견되며, 여타의 시편에서도 주요하게 적용되는 표현 기법이다. 특히 의미의 등가성은 전혀 무관한 듯한 단어들이나 요소들이 유기적으로 연계 변환 통일되어 하나의 이미지로 압축되는 방법을 즐겨 사용한다. 이러한 수법이 노수승을 세련하게 만든다.

3. 응축된 지각과 회화적 감각

연상의 언어 감각과 정제되고 단련된 언어 조탁에 의해 펼쳐지는 노수승의 시편은 간결하고 명료한 이미지에 의해 조직된다. 단아하다. 그의 시는 짧고 정갈하며 정형성에 가까운 행갈이를 기본으로 한다. 그런 까닭에 간명하고 상징적이며 압축적 회화미를 특장으로 한다. 그는 그 어떤 수사적 요설도 단호히 거절한다.

형식은 극도로 절제되고 시적 내용은 응축된 이미지를 통해 의미를 구현한다. 이로 말미암아 부산하거나 산만한 느낌이 없다. 시적 대상이나 소재에 대한 지각은 이미지의 응축을 지향해 있다. 노수승은 절제된 형식미와 표현미를 통해 시적 정조나 의미를 압축적으로 표현하는 데 주력한다.

푸른 하늘에/ 사선 하나 그었다/ 검지에서 말갛게/ 푸른 물이 떨어졌다// 새가/ 하늘로 날아올랐다/ 푸른 물이 들었다/ 돌고래가 유영하듯/ 파도를 탄다// 나는 순식간/ 바다에 항로만 남기고// 새는 세찬 파도 넘어/ 전신으로/ 항해하고 있었다// 보란 듯이/ 길을 내고 있었다 -「길」 전문

극도의 압축미가 돋보인다. 마치 서정시가 갖는 덕목으로 언어의 경제성, 함축성, 여백의 미란 이런 것이라 웅변하는 듯하다. 마치 이미지스트가 시의 회화성에 대한 하나의 모범적 사례를 제시하는 듯하다. 쓸데없는 글자가 없고, 군더더기 말이 없으며, 이렇다 할 수사적 비유도 동원하지 않는다. 이처럼 그의 시는 간결하고 명료한 이미지 변환과 통합이라는 유기적인 축조 방법을 지향한다. 즉 응축된 지각과 명징한

인상 표현의 이미지 구현 시법을 추구한다. 절제된 정념은 불필요한 노출을 피하고, 언어적 표현은 응축된 이미지의 연상력을 통해 압축한다. 그럼으로써 우리는 "푸른 하늘에/ 사선 하나 긋"듯 비상하는, 마치 "돌고래가 유영하듯/ 파도"를 타는 것처럼 '새'가 하늘을 날며 '길'을 내는 듯한 한 편의 그림 같은 풍경을 목도한다. 바다 위 푸른 하늘에 불현듯 사선을 그으며 날아가는 새의 형상이 아련한 잔상의 긴 '길'처럼 여운으로 남는다.

 화자는 "푸른 하늘에/ 사선"을 긋듯 순식간에 '새'가 날아오르는 형상을 매우 감각적 이미지로 표현한다. 대상 포착의 시선은 응축된 지각에 의한 결과이며, 응축된 지각에 의해 감각화한 주관적 인상, 즉 새의 비상은 긴 여운을 남기고, 생동감을 느낄 수 있도록 배려하고 있다. 이를테면 "푸른 하늘에/ 사선 하나 긋"자 "검지에서 푸른 물"이 떨어지고, '새'가 그 푸른 "하늘로 날아"오르자 "푸른 물"이 드는 이 시각적인 표현은 얼마나 놀랍도록 공감각적이며 회화적인가. 시인은 사선을 긋듯 순식간 비상하는 '새'의 역동적 형상을 감각적으로 포착해 간명하게 이미지화한다. 그런 후 등가의 법칙에 따라 푸르고 긴 '사선'은 '항로'와 '항해'의 이미지를 얻고, 마침내는 '길'의 이미지로 통합한다. 그럼으로써 은밀히 말하고 싶은, 주어진 현실 세계의 외부 환경을 환기하는 "세찬 파도 넘어" 온 힘을 다해 '전신으로 길'을 트며 갈 수밖에 없는 시적 주체를 포함한 모든 운명의 '길'을 함축해 낸다.

사선을 긋는 행위의 주체는 물론 화자 자신일 수도 있고 '새'일 수도 있다. 그리고 3연의 "나는 순식간"에서 '나는' 역시 화자 자신을 지시하는 동시에 비상하는 '날다'의 중의적 표현으로 해석해야 한다. 그렇다면 '새'는 곧 시적 주체의 동일 지정이다. 우리는 여기서 "세찬 파도"에도 "보란 듯이 길을 내"며 미지의 세계를 향해 날아가려는 삶에 대한 긍정적 태도와 인식, 주어진 삶의 조건과 운명에 응전하는 역동적인 힘과 의지를 읽을 수 있다. 노수승의 시에서 '새', '별', '어둠', '아이', '꿈', '눈(雪)' 등의 이미지와 함께 자주 등장하는 '길'은 가령, "앞뒤 가로막힌 골짜기/ 산속의 밤은 더 깊고/ 골바람은 거세지"만 "어둠 속에도 길은 있"(「등산」)다거나, 목적지가 어디인지 모른 채 "달력 위를 치닫는" 백지의 '길'(「달력」)이라 노래할 때와도 같은 맥락의 의미를 내포한다. 그의 시편에서 '건너고, 날고, 넘고, 걷고, 가는' 이미지도 이와 연속하는 의미 맥락에 위치한다.

특히 삶에 대한 긍정과 역동적 응전은 '그었다', '떨어졌다', '날아올랐다', '들었다', '탄다', '항해하다', '길을 내다' 등과 같이 짧고 단호하게 처리하는 종결어미에 분명하게 드러난다. 이러한 동사형 문장 종결 서술어들은 비단 이 시뿐만이 아니다. 이런 표현상의 수법은 그의 시에 생기 넘치는 활력을 불어넣는 효과를 거둔다. 의미론적 관점에서 서술어는 주체의 행위를 규정하고 의미를 강제하는데, 동사형 서술어는 화자의 단순한 감정 표현에 그치는 것이 아니라 정신적 지향점을 명료히 하는 기능을 발휘한다. 이게 평면적 정경에 입체적 생동감과 시적 주체의 강인한 의지를 표상하는 요인이다.

때늦은 기러기 행렬 앞세워 오다/ 어느새 외톨이// 자작나무 숲 앞세워 오다/ 어느새 내 앞을 막아선다// 아이들과 엎치락뒤치락하더니/ 운동장을 독차지했다// 어머니 수세미 삶아 내던 날/ 널어놓은 수세미에 스미던 어둠// 밤새 측백나무 울타리와 동침하고선/ 동트기 전 잠적했다 -「어둠의 자국」전문

대상에 대한 응축된 지각은 내포적이며 함축적일 수밖에 없다. 노수승의 시편들은 직접적인 수사도 동원하지 않은 채 상황이나 사태나 풍경만을 묘사적으로

진술할 뿐 일체의 감정을 극도로 절제하는 방식으로 시적 분위기와 의미를 창출한다. 인용 시뿐만 아니라 노수승의 시편들은 서정시의 정서적 환기력을 최대치로 끌어올리려는 듯 행간에 침묵을 가득 채워놓는 은폐된 감정과 언어의 절제를 보여준다. 그것은 마치 극단적으로는 시가 의미에 봉사하는 것을 거부하는 언어의 즉자성을 보여주는 듯하다. 이토록 놀랍도록 절제된 감정은 산문화된 서정 시대에 보기 드문 성취이다. 보라. '어둠'이 스며오는 사태를 묘사하는 시인의 감각은 사물의 미세한 움직임만 포착하고, 언어를 극도로 투명하고 절도 있게 사용하는 데서 그친다. 단호하다. 대상에 대한 일체의 감정은 정경과 행위에 담겨 있을 뿐 일체 말이 없다.

 인용 시 역시 평면적 그림의 정경, 그러니까 '울타리' 안에 스민 어둠의 풍경에 깃든 정적에 입체적 생동감을 불어넣는다. 그 생동감은 소란스러운 것이 아닌 정중동의 부드럽고 유연한 생동감이다. 그것은 '오다', '막아서다', '독차지하다', '스미다', '동침하다', '잠적하다' 등의 동사 종결 서술어와 동작 부사 '엎치락뒤치락'에서 오는 효과에 의한다. 시는 마치 그림이 되려는 듯 서정적 풍경을 보여줄 뿐 침묵한다. 시인은 사물의 떨리는 외양과 눈에 보이는 대상에 대한 주관적 인상을 바탕으로 그 윤곽을 감각적으로 그려내는 데 집중한다. 그로써 고도로 집적된 이미지는 '어둠'처럼 긴 여운으로 남는 잔상 효과를 유발한다.

노수승의 시편들은 동사를 활용한 문장 종결 처리, 비유적 사태나 상황만을 통해 시적 의미를 전달하며, 이를 통해 간결한 입체적 생동감과 압축적인 회화미를 이룩한다. 그 그림 속에는 얼룩진 시인의 마음의 무늬가 그려져 있을 뿐이며 미세하게 떨리는 가녀린 파동이 있을 따름이다. 시인이 사용한 이미지들은 시인의 마음의 무늬를 보여주는 그림 이상의 의미를 요구하지 않는다. "때늦은 기러기 행렬", "자작나무 숲", "수세미", "측백나무 울타리"와 함께 하는 '어둠'의 이미지처럼 다만 시인의 마음의 무늬, 그 내면의 풍경과 파동을 어렴풋하게 보여주는 것 이상의 아무것도 주장하거나 의미하려 들지 않는다. 때문에 어설픈 사변화의 함정을 벗어난 절제를 성취한다. 시인은 이미지와 이미지의 융합과 삼투라는 언어의 연금술을 통해 미세하게 떨리는 마음의 무늬를 보여줄 뿐이다.

4. 천기유동(天機流動)의 생기와 정신의 풍격

노수승의 시편들은 절제된 압축미로 인해 호흡은 짧

아도 긴 여운의 효과를 불러일으킨다. 간결한 어법의 짧고 단정한 형태가 유발하는 행간의 여백이나 의미의 단절적 연속은 시의 핵심적 정수만을 표현 전달하려는 의도에서 비롯하는 기법으로 보인다. 이와 함께 그의 시에서 단형적인 통사구조의 반복은 형식적인 차원에서 시의 리듬을 생성하는 데 기여한다. 뿐만 아니라 시의 조형 감각과 형태적 안정감을 주는 효과를 발휘한다. 말하자면 간명한 이미지와 언어표현의 정밀성과 대상에 대한 세심한 배려는 궁극적으로 개념화되거나 사변화되기 이전의 사물이나 현상을 순수하고 투명하게 살아 있는 날것의 이미지 그 자체로 그려내려는 시적 태도에서 기인한다. 이는 주체를 대상에 앞서 내세우기보다는 상호 수평적 관계에 자신을 정위(定位)하려는 겸손과 겸허의 윤리적 미덕을 함유한다.

　　마을 앞 얼음 논에/ 썰매 타는 아이들// 무슨 말 할까 긴장한 하늘/ 산등까지 내려앉는다// 솔숲 미어지게 지나온/ 산바람 타고/ 초년의 들녘에/ 새하얀 말씀이 내린다// 귀 기울여 뜨락에 나선다/ 첫마디 말씀 듣듯/ 하늘 본다// 싸리문 밖 개복숭아 나무도/ 참나무에 기댄 짚동가리도/ 귀 기울여 하늘 본다// 초년의 들녘에/ 새하얀 말씀이 내린다 -「첫눈」 전문

'첫눈'을 "새하얀 말씀"과 "첫마디 말씀"으로 은유하는 것 외에 어떤 비유도 극도로 자제하는 인용 시는 마치 언어가 그림이 되게 하려는 시도처럼 느껴진다. 시인은 첫눈이 내리는 정경을 어떤 관념이나 사변적 언어를 사용하지 않고 눈에 들어오는 현상적 사태를 그려낼 뿐이다. 첫눈이 내리는 인상적인 풍경에 맞닿아 있는 시인의 시선은 사태에 대한 별다른 수사나 왜곡이나 감정의 개입 없이 시각적 인상을 직관적으로 표현하는 데 주력한다. 어떤 의미화도 거부하는 듯 시인은 가공되기 이전의 살아 있는 풍경을 제시할 뿐이다. 이를테면 '썰매를 탄다', '하늘이 내려앉는다', '말씀이 내린다', '뜨락에 나선다', '하늘을 본다'는 사변적 관념이 전혀 채색되지 않은 현상적 사태나 동작만을 진술할 뿐이다. 시인은 현상적 사태에 어떤 감정이나 의미를 개입시키지도 않고, 또 어떤 해석도 덧붙이지 않는다. 그냥 현상적 사태만을 보여줄 뿐이다. 이는 가공되기 이전의 현상적 사태를 순수 직관을 통해 투명하게 이미지화하려는 시적 전략에서 연유한다.

그러나 시는 언어를 질료로 하는 이상 그림이 될 수 없다. 그럼에도 시인은 그림을 꿈꾸는 듯하다. 그가 꿈꾸는 시의 그림은 어떤 이데올로기나 현실원칙의 억압이나 윤리학 저편 멀리 피안에 자리한다. 그래서 그 어떤 관념화나 개념화도 거부한다. 말하자면 그것은 어떤 개념으로 명료하게 환원될 수 없는 것이다. 그 불가능한 꿈이 노수승의 시가 되고 그의 그림-언어의 풍경이 된다. 그 풍경의 구성은 '얼음 논', '아이들', '하늘', '솔숲', '산바람', '들녘', '뜨락', '개복숭아 나무', '짚동가리'가 '첫눈'을 중심으로 한 시간과 공간의 인접하는 사물들을 역동적으로 연계해 보여준다. 사물에 대한 시적 주체의 의식은 '첫눈'을 "새하얀 말씀"과 "첫마디 말씀"으로만 은유해 드러낼 뿐, 다른 사물에 대해서는 주체의 의식이 거세된 채 시선의 동선을 따라 생동감 있게 제시하는 데 머문다.

제시된 사물들은 관념을 드러내기보다는 첫눈이 내리는 현상을 인상적으로 그려내는 데 머물 따름이다. 여기에는 시인의 주관적 감정이 개입되어 있지도 않으며, 첫눈의 속성을 어떤 인간적인 가치나 의미로 해석해 환원하지 않는 절제를 보여준다. 단지 '말씀'으로 치환하는 정도뿐이다. 이러한 시인의 태도는 개념화나 의미화와는 다른 있는 그대로의 사태와 현상을 중시하는 정신의 풍격을 엿볼 수 있게 한다. 요컨대 노수승은 자신의 관념으로 해석된 세계를 보여주기보다는 살아 있는 현상을 있는 그대로 보여주는 방식으로 시적 의미를 표현한다. 그 극단의 예는 다음과 같이 노래할 때 선명하게 부각된다.

> 동편의 크리스털 창문 열리면,// 도토리나무 사이/ 빗발치는 햇살에 찔려/ 은갈치 떼 파닥인다// 낚싯대 드리운/ 갈바람의 고패질에/ 은비늘 날린다// 풀잎마다 야생의 투명한 눈망울에/ 가을 하늘 든다 – 「안달루시아 초원」 전문

"청명한 가을 아침에"라는 부제가 붙은 인용 시 역시 한 편의 서정적 그림 같은 느낌이다. 화자는 청명한 가을날 숲속 나뭇잎과 풀잎이 투명한 햇살에 반사되어 '갈바람'에 팔랑거리며 반짝이는 모습을 소묘한다. 그 소묘는 "은갈치 떼"의 파닥거리는 형상과 '은비늘'의 반짝거리는 구체적 감각을 통해 그 생기의 활력을 얻는다. 화자의 비유적 묘사는 또 '갈바람'의 파동에 의해 반짝이며 흔들리는 양상을 낚싯대 고패질이란 운동감각을 통해 그 생생함을 더 한다. 그리고 그 맑게 반짝이는 '풀잎'은 "야생의 투명한 눈망울"이라는 비유를 얻어 청명한 가을 하늘 아래 열리는 아침의 느낌을 절묘하게 그려낸다. 시적 주체의 시선에 의

해 비록 비유적 소묘를 하고 있지만, 어떤 현실적 삶의 이념과 관념도, 구속과 억압과 간섭도 개입되어 있지 않다. 그저 생동하는 순수한 물(物) 자체의 현상만이 존재한다. 그럼으로써 맑고 상쾌한 가을 아침의 느낌을 선명한 구체적 감각을 통해 전달하는 미적 성취를 이룬다.

반복하지만 노수승 시는 간결하고 깔끔하다. 아니 너무 맑고 투명하다. 인용 시는 그 극단의 한 사례로 너무도 투명하여 아무것도 보이지 않는 듯하다. 그저 환하고 맑고 깨끗하기만 하다. 대상을 향해 조용히 시선을 주는 관조적 응시의 사색 끝에 뱉어놓는 언어는 한없이 맑고 투명하다. 맑고 간결한 투명성에 의해 어떤 해석을 덧붙일 수 있을까? 앞서 이미지스트에 가까운 시법이라 언급했는데, 그런 특징을 전형적으로 드러내는 사례이기도 하다. 한마디로 그의 시법은 청결하다.

인용 시를 비롯한 노수승의 단형의 정제된 형태적 특성은 여백의 미를 고려한 의도일 것이며, 시간적 휴지를 감안한 시행의 구성은 음송의 리듬을 창출하는 동시에 긴 여운을 동반하는 시적 효과를 불러오도록 안배한 시적 전략일 것이다. 그의 시편들은 형태적으로 간결하고 정갈하며 정돈된 느낌을 준다. 이러한 특징은 자아와 세계와의 대립과 갈등, 분열과 투쟁보다는 정관과 절제의 내면을 반영한다. 이런 시적 태도는 천기유동하는 생기(生氣)를 감각하는 정신적 풍격에서 비롯한다.

> 봄은/ 눈 속에서 움튼다// 나무마다 점점이 피어나는/ 노랑별// 지상의 별에서/ 비상하려는/ 향기// 봄은/ 귓전에서 시작된다// 멀리서 걸어오는/ 풀뿌리의 발자국 소리// 아이의 숨결보다 고요하게/ 행보 가다듬는/ 십 리 밖 숨소리 – 「내가 아직 겨울일 때」 전문

조용히 부지불식간 꿈틀대며 점점 다가오는 약동하는 생명의 감각으로 인해 생기 도는 힘의 아름다움을 느끼게 한다. 천기나 생기가 막히거나 멈추지 않고 흘러넘치는 현상을 표현하는 말이 천기유동이다. 생기가 도는 약동하는 현상의 아름다움을 가리킨다고 할 수 있겠는데, 동양 시학에서 사물과 현상의 정수 또는 정기를 드러내는 정신의 힘을 뜻한다. 인용 시는 우주적 생명의 '숨소리'로 인해 천기유동의 감각을 실현한다. 다른 말로 묘사할 때 대상의 왕성한 생명활동과 거듭 자라나서 날로 변화하는 사물의 양상을 드러낸다는 뜻인데, "눈 속에서 움"트는 – 이때 눈

은 眼과 雪 – 멀리 "십 리 밖"에서 걸어오는 풀뿌리의 고요한 발자국 소리와 숨소리는 천기유동을 감각하는 시인의 정신을 표상한다.

　스티븐 오언의 표현을 빌어 정신은 사물에 생명감을 주는 생기 있는 정수이다. 요컨대 사물의 핵심을 싱싱하게 날것 그대로 표현하는 표현과 수사의 방법적 기술이다. 노수승의 시는 그러한 시 정신의 풍격이 만들어낸 결과이다. 이로 말미암아 노수승의 시편들은 생기 넘치는 발견의 시선이 압도한다. 그것을 발견의 감각과 생기의 정신이라 말하고 싶다.

/ 표지그림 /

황동희
htony20@naver.com
대전미술대전 초대작가 및 심사위원 역임
대전미술협회 여성특별위원회 위원장

/ 표지제자 /

백서현
대전동화초등학교 1학년

국제PEN한국본부
창립70주년기념 시인선 __24__

모든 색깔의 어머니

저자 **노수승**

기획·제작 **국제PEN한국본부** pen
International PEN-Korea Center

발행일 2024년 10월 7일
발행처 기획출판오름 Orum Edition
발행인 김태웅
등록번호 동구 제 364-1999-000006호
등록일자 1999년 2월 25일
주소 대전광역시 동구 대전로 815번길 125
전화 042-637-1486
e-mail orumplus@hanmail.net

ISBN _ 979-11-89486-12-9

값 12,000원

· 본 책 내용의 전부 또는 일부를 재사용하려면 반드시 저자의 동의를 얻어야 합니다.
· 지은이와의 협의에 의해 인지는 생략합니다.

이 책은 대전광역시 | 대전문화재단 에서 발간비를 지원 받았습니다.